PINK MOON ADULT COLORING EBOOK

AF104384

SCAN ME

OMFYI.COM

SUBSCRIBE AND RECEIVE FREE MONTHLY FREEBIES

OM WOLF
OMFYI.COM

JANUARY

FEBRUARY

MARCH

APRIL

MAY

OMFYI.COM
ESTD ──────── 2022

SCAN ME!
TO VIEW OUR BOOKS

PINK MOON ADULT COLORING BOOK - OM WOLF // OMFYI.COM

SUBSCRIBE AND RECEIVE FREE MONTHLY FREEBIES

OMFYI.COM
ESTD ——————————— 2022

SCAN ME!
TO VIEW OUR BOOKS

PINK MOON ADULT COLORING BOOK - OM WOLF // OMFYI.COM

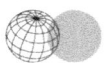

SUBSCRIBE AND RECEIVE FREE MONTHLY FREEBIES

OMFYI.COM
ESTD ——————————— 2022

SCAN ME!
TO VIEW OUR BOOKS

PINK MOON ADULT COLORING BOOK - OM WOLF // OMFYI.COM

SUBSCRIBE AND RECEIVE FREE MONTHLY FREEBIES

OMFYI.COM
ESTD —————————————— 2022

SCAN ME!
TO VIEW OUR BOOKS

PINK MOON ADULT COLORING BOOK - OM WOLF // OMFYI.COM

SUBSCRIBE AND RECEIVE FREE MONTHLY FREEBIES

OMFYI.COM
ESTD ──────────── 2022

SCAN ME!
TO VIEW OUR BOOKS

PINK MOON ADULT COLORING BOOK - OM WOLF // OMFYI.COM

SUBSCRIBE AND RECEIVE FREE MONTHLY FREEBIES

OMFYI.COM
ESTD ———————— 2022

SCAN ME!
TO VIEW OUR BOOKS

PINK MOON ADULT COLORING BOOK - OM WOLF // OMFYI.COM

SUBSCRIBE AND RECEIVE FREE MONTHLY FREEBIES

OMFYI.COM
ESTD ———————————————— 2022

SCAN ME!
TO VIEW OUR BOOKS

PINK MOON ADULT COLORING BOOK - OM WOLF // OMFYI.COM

SUBSCRIBE AND RECEIVE FREE MONTHLY FREEBIES

OMFYI.COM
ESTD ──────── 2022

SCAN ME!
TO VIEW OUR BOOKS

PINK MOON ADULT COLORING BOOK - OM WOLF // OMFYI.COM

SUBSCRIBE AND RECEIVE FREE MONTHLY FREEBIES

OMFYI.COM
ESTD ──────── 2022

SCAN ME!
TO VIEW OUR BOOKS

PINK MOON ADULT COLORING BOOK - OM WOLF // OMFYI.COM

SUBSCRIBE AND RECEIVE FREE MONTHLY FREEBIES

OMFYI.COM
ESTD ——————————— 2022

SCAN ME!
TO VIEW OUR BOOKS

PINK MOON ADULT COLORING BOOK - OM WOLF // OMFYI.COM

SUBSCRIBE AND RECEIVE FREE MONTHLY FREEBIES

OMFYI.COM
ESTD ———————— 2022

SCAN ME!
TO VIEW OUR BOOKS

PINK MOON ADULT COLORING BOOK - OM WOLF // OMFYI.COM

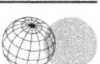

SUBSCRIBE AND RECEIVE FREE MONTHLY FREEBIES

OMFYI.COM
ESTD ———————— 2022

SCAN ME!
TO VIEW OUR BOOKS

PINK MOON ADULT COLORING BOOK - OM WOLF // OMFYI.COM

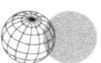

SUBSCRIBE AND RECEIVE FREE MONTHLY FREEBIES

OMFYI.COM
ESTD ──────── 2022

SCAN ME!
TO VIEW OUR BOOKS

PINK MOON ADULT COLORING BOOK - OM WOLF // OMFYI.COM

SUBSCRIBE AND RECEIVE FREE MONTHLY FREEBIES

OMFYI.COM
ESTD ———————————— 2022

SCAN ME!
TO VIEW OUR BOOKS

PINK MOON ADULT COLORING BOOK - OM WOLF // OMFYI.COM

SUBSCRIBE AND RECEIVE FREE MONTHLY FREEBIES

OMFYI.COM
ESTD ———————————— 2022

SCAN ME!
TO VIEW OUR BOOKS

PINK MOON ADULT COLORING BOOK - OM WOLF // OMFYI.COM

SUBSCRIBE AND RECEIVE FREE MONTHLY FREEBIES

OMFYI.COM
ESTD ——————————— 2022

SCAN ME!
TO VIEW OUR BOOKS

PINK MOON ADULT COLORING BOOK - OM WOLF // OMFYI.COM

SUBSCRIBE AND RECEIVE FREE MONTHLY FREEBIES

OMFYI.COM
ESTD ———————————— 2022

SCAN ME!
TO VIEW OUR BOOKS

PINK MOON ADULT COLORING BOOK - OM WOLF // OMFYI.COM

SUBSCRIBE AND RECEIVE FREE MONTHLY FREEBIES

OMFYI.COM
ESTD ——————————— 2022

SCAN ME!
TO VIEW OUR BOOKS

PINK MOON ADULT COLORING BOOK - OM WOLF // OMFYI.COM

SUBSCRIBE AND RECEIVE FREE MONTHLY FREEBIES

OMFYI.COM
ESTD ──────────── 2022

SCAN ME!
TO VIEW OUR BOOKS

PINK MOON ADULT COLORING BOOK - OM WOLF // OMFYI.COM

SUBSCRIBE AND RECEIVE FREE MONTHLY FREEBIES

OMFYI.COM
ESTD ──────────── 2022

SCAN ME!
TO VIEW OUR BOOKS

PINK MOON ADULT COLORING BOOK - OM WOLF // OMFYI.COM

SUBSCRIBE AND RECEIVE FREE MONTHLY FREEBIES

PINK MOON ADULT COLORING EBOOK

SCAN ME

SUBSCRIBE AND RECEIVE FREE MONTHLY FREEBIES

OMFYI.COM